창조문학대표시인선 • 220

소실점 消失點

김종호 제 4 시집

창조문학사

자서

애월은 작은 포구로 내가 낳고, 자라고, 지금도 살고 있는 고향이다. 마을의 중심에는 하물이라는 샘이 있는데 애월 마을을 먹여 키운 젖줄이다. 밀물 때에는 마을 복판까지 바닷물이 들어와 담수와 혼합이 되었다가 썰물에는 담수만 흐르는 냇물이 된다. 이 물에는 은어 · 알롱 · 뱀장어 · 덤북지가 살고 때로는 숭어 떼가 들어와 놀다 간다. 나는 어려서 이 작은 물고기들과 팡당거리면서 헴을 배웠고, 자라면서는 드릿물로, 동개로, 선창으로 점점 깊고 넓은 물로 헤엄쳐갔다. 그리고는 방파제에서 하늘과 맞닿은 바다와 수평선을 바라보았다.

밀물이 들어왔다가 썰물로 나가듯이 섬 아이들은 자라면서 고향을 빠져나가고, 떠나지 못한 나는 방파제에 앉아 먼 수평선을 바라보며 꿈을 꾸었고 그리움도 배웠다. 밀물과 썰물처럼 수없이 만나고 헤어지면서 그리움은 쌓이고 깊어갔지만, 나의 그리움의 많은 부분은 대상이 없는 원초적 그리움이다.

꿈인 듯이 분명치 않으면서 사무치는 원초적 나의 그리움은 어디에서 오는 것일까.

때로는 풀잎의 흔들림으로, 창백한 낮달의 눈빛으로, 한밤에 지쳐오는 해조음으로, 숲속에 보이지 않는 새소리로, 그리움은 어느 날 문득 돌아보는 그림자에도 묻어 있었다.

나를 길가에 두고 너무 일찍 돌아가신 부모님, 나의 사랑과 이별, 그리고 고향이 너무 힘들어서 떠돌이로 몇 년을 방황한 적도 있지만 삶의 굽이굽이 나의 슬픔은 늘 고향을 그리워했다. 누군가 내 속에 전자팔찌처럼 채워놓은 아득한 기억은 고향에 살면서 고향이 그립다. 수평선은 가도 가도 끝없이 언제나 멀리 그 자리에 있고, 나의 무의식 속에 모태에서의 행복이 잠재하고 있었을까, 아니면 태초에 아담과 하와가 쫓겨나고 폐쇄된 에덴에 대한 지문이 유전자 속에 남아있는 것일까, 가난하고 배고픈 나의 사랑은 늘 갯가를 떠돌며 건널 수 없는 수평선 너머를 바라보았다.

그리움은 가족들과 함께 있어도, 친구들과 술을 마실 때에도 그림자처럼 따라다니고, 나의 사랑은 아내에게, 자식에게, 내가 좋아하는 사람에게 주어도, 받아도 늘 부족한 미완의 불안. 나의 시는 미완의 불안 위를 끝없이 걸어가는 것. 아득히 수평선 너머에 그리움의 고향을 찾아가는 것. 거기에서 위대한 사랑의 완성을 만나게 될 것이다.

나의 그리움, 나의 사랑, 나의 신앙은 끝없는 나의노래이며, 사막을 건너는 낙타의 걸음으로 수평선을 건너는 길 위에 있다.

내용

제 1부 어느 가슴에 노래이고 싶다

2부 그대에게 나의 사랑은

3부 그리움

4부 깊은 달

5부 농심

6부 허공

제 1부

어느 가슴에 노래이고 싶다

어느 가슴에 노래이고 싶다

어느 가슴에
비문 같은
한 편의 시이고 싶다

어느 가슴에
걸어 둘
한 점의 그림이고 싶다

시인이라거나
화가라거나
모자를 벗어버리고

벌레 소리 자욱한 길
임의 가슴에 번제의
향기로운 노래이고자

산방일우

라면 하나에
생각 몇 개에 묻혀
하루가 저문다

노을이 저리 붉으니
누구
서럽게 울다 가겠네

해조음이 설레니
이 저녁
첫눈이 내리겠네

숲에 외로운 새소리
추레한 마음
길게 끌고 가네

눈감으니
고요한 세상

어디서
흐르는 물소리
마음이 깊어가나 보네.

바람이 불어온다고

바람이 불어온다고
수평선 너머로 그리워 마라

봄빛이 남으로 온다고
산 넘어가지 마라

무지개가 손짓한다고
꿈꾸지 마라

마음이 한라산이면
다 헤일까
천촉의 불을 밝히고
바다를 낚는 사람아!

가슴에 불을 끄고
무엇으로 사랑을 하랴
그대가 진실하다면
영혼의 불을 끄지 마라.

아가야

야가야
아가야!

네 울음소리로
슬픔이 지워지고

네 방실거림으로
꽃들이 피어나고

네 옹알이로
세월이 간다.

도마뱀

도마뱀의 꼬리여!
내게는
잘라내고 싶은 것들이
왜 이리 많은가

그 순간을
꾹 삼켜버릴 것을
한 번 더 생각할 것을
숨 한 번 크게 쉴 것을

그 때
손을 꼭 잡아 줄 것을
고운 눈으로 말할 것을
웃으면서 보낼 것을

미소 뒤에 숨어서
사랑의 옷을 입고서
미향의 향수를 뿌리고서

나는 얼마나 나를 배반하는가?
위대한 도마뱀의 꼬리여!

소실점 消失點

(1)

수평선에 무애의 점 하나 있다.
철길, 그 영원한 평행이 끝내 손을 잡고
지상의 모든 선들이 달려가서 찍은 점
길이란 길이 걸어가는 결국, 점 하나
사람들은 꾸역꾸역 지하계단으로 지하철을 타더니
이내 어둠이 되어 그 후 아무도 아무것도 모른다는,
여전히 그 자리에 엄연하다는 소실점

(2)

자벌레는 자기의 생을 한 자씩 재면서 가고
반딧불이는 제 몸에 불을 켜서 어둠을 헤쳐가고
나무들은 생의 고통과 슬픔을 제 몸에 새기면서
직립의 의지로 하늘 먼 해원을 우러르는데
사람들이 파헤치려는 끝없는 열망은 무엇인지
시간의 함묵은 깊이 모를 퇴적층에 쌓이고
미지를 넘나드는 바람은 비밀의 방관자
햇살 환한 날에 결론이 없는 안개는 더욱 짙어가고
미심쩍은 실루엣들은 흐물흐물 떠 흐른다

(3)
아, 새벽을 깨우는 유년의 낡은 종소리 '웅웅~'
산 너머로 너울지며 기억을 끌고 가는 슬픔의 강
사랑과 이별, 그리고 그리움, 어머니 아 어머니!
오늘도 갯가에 앉아 수평선 너머로 그리움을 바라본다
존재는 처음사랑, 삶은 잠재된 기억
믿음으로 보이지 않음을 더듬어가는 그리움의 고향, 이어도*

(4)
그런 것인가, 신을 해부하고 신이 되고 싶은 사람들
점 하나로 화가들은 창조의 의지를 불태우고
시인의 상상과 철학자의 직관, 끈질긴 과학자의 천착으로
인류가 쌓아온 문명은 파라다이스로 가는 길목인가
끝없는 전쟁과 가공의 무기로 지구는 사랑과 평화의 별이 될 것인가
존재의 고뇌와 불안의 양파껍질을 끝없이 벗기며 인간이 세우는
가설 위에 가교를 얼마나 더 걸어가야 하늘에 닿을 것인가

(5)
흰 구름은 걱정도 없이 미소를 띠우고
태양은 어제처럼 여전히 부드러운 손길이지만
인류의 눈부신 문명과 빛나는 노작이 사랑일 수 없을 때
나의 바위*는 허무의 나락으로 굴러 떨어지고
산 위에 빈 하늘만 허허로울 때
꿈도 사랑도 열망도 낡은 페인트처럼 너절해지나니
나의 삶은 거리에 굴러다니는 빈 팻트병

그의 견고한 의지로 강물은 예정된 바다로 흘러갈 뿐

(6)
수평선의 무애의 점 하나, 그것은
어둠과 밝음, 육체와 혼의 접점에서
생성과 소멸, 시작과 끝이 하나인 뫼비우스의 띠일까
지상의 모든 유형과 무형을 흡인하는 무한한 힘의 동혈洞穴인가
푸른곰팡이의 번짐 같은 점 하나의 원생물질의 무한 분화와 소멸,
모든 논리의 귀결, 사상의 기점이자 종점, 그것은 신비의 자궁
암흑을 깨뜨린 처음의 빛의 자유의지, 위대한 사랑 아닌가

(7)
그럴 것이다, 모든 선지자들의 길 끝에서
가장 고요한 시간에 한없이 깃털 같은 영혼만으로
부자의 낙타*가 찾아가는 바늘귀를 통과할 것이다
아담 이후 폐쇄된 문에서 천만 볼트의 햇살에
장님이 되어 섬광처럼 눈을 뜨리라, 끝내 볼 것이다
본능의 그림자처럼 줄곧 걸어온 그리움의 실체
그 위대한 사랑의 완성과 우주의 통섭을.

*이어도: 바다에서 조난당한 사람들이 돌아가는 고향, 제주사람의 이상향.
*시시포스의 신화에서
*부자의 천국 가기는 낙타가 바늘귀를 통과하는 것보다 어렵다는 성구

돌

그 강가에
오랜 증인으로

우레번개치는 날
아득히 먼 길을 걸어왔네.

거울 앞에 서면
늘 허전한 대면

안으로, 안으로
말은 잊기로 하였네.

길의 끝으로
다만 기다림일 뿐,

그 강가에
시간을 깎으며 깊어가네.

눈을 감는 것

눈을 감는 것은
눈을 뜨는 것

부르는 듯
머뭇거리는 거리에서
헐한 시간이나 기웃대다가
문득 그에게로 귀를 열었네

떠나는 것은
그에게 가는 것

반딧불이는
제 몸에 불을 켜서
밤길을 떠나고

눈을 감으면
등불도 없이 환하여
길을 보이시네.

가을서정

파란 하늘에 유유히 떠가는
흰 구름의 눈빛이 선명하다.

돌돌돌 혼자서
ᄃᆞ릿물소리* 가슴에 흐른다.

이 가을 나목은
무엇으로 견디는지.

첫서리 내린 들판에
아침은 명료하게 깨어나고

어느 길, 어느 누구
덥석 손잡고 흔들고 싶다.

골목길에 통통 뛰는 아이들
하늘 가득 번지는 밝은 웃음소리

가을 들판에 낙엽을 태우는
하얀 연기가 실처럼 피어오른다.

*ᄃᆞ릿물: 애월 중심에 흐르는 시냇물

자화상 2

거울 속에
그 눈을
마주 볼 수 없네.

해아래 드러난 몸
감추려 할수록
고약스레 풍기는 방귀.

하늘에 가득한 눈
코를 막고
빙그레 웃으시니

에라, 백발을 나부끼며
개다리 춤인들 보여드릴까.

2부
그대에게 나의 사랑은

그대에게 나의 사랑은

그대에게 나의 사랑은
바람 소소한 날 종일 풀잎에 머물다 가는 햇살
조금도 특별하지 않은 노래이니
하루가 저무는 동안에 때로는 미워서 떨릴 때에
종일 바다위에 갈매기의 노래이다가 날 저물어
고요한 항구로 돌아와 물처럼 물로 흐르리니

그대에게 나의 사랑은
눈부신 미소 때문이 아니요, 슬픈 눈빛 때문은 더욱 아니기를
어느 날에나 그대의 등 뒤에 벽지의 꽃무늬처럼 있어
아무렇지도 않게 하루가 가고 내 사는 이유가 따로 없어
물처럼 물로 흘러서 나의 전부로 부르는 노래이기를……
오늘도 저문 하늘가에 개밥바라기 노을에 타는 것은
어느 날엔가 더 이상 그대를 사랑할 수 없을 때를 위하여
묽은 하늘에 새벽별 잠 못 드는 기도이기를……
나 없이, 오직 사랑 하나만으로 물처럼 물로 흐르기를……

우산

그 길에 비가 내리고
나는 우산 아래 있었다.
그 길에 비가 그치고
그만 우산을 잃어버렸다.

그 참나무 숲에는 도토리와
다람쥐와 토끼와 노루와 새들이 살고
하늘과 땅, 바람과 눈비도 노래가 되었다.

거기 우람한 우산이 손을 내밀어
"내 손을 꼭 잡고 놓지 마라." 하였지만
나는 그 손을 너무 빨리 놓아버리고
바람의 거리에서 나는 또
줄줄이 새는 낡은 우산이 되어
몇 잎 뒹구는 깃털을 헤며
개개비 둥지를 맴도는
뻐꾸기 노란 울음소리를 듣는다.

어디 두고 왔을까
숨 쉬듯 잃어버린 우산
그 길에 비는 내리고
그리운 하늘에 창백한 낮달
잃어버린 우산을 생각하고 있다.

첫눈

첫눈이 내립니다
철없이 떼를 씁니다

'내 사랑 어디 있지?'

문득 온 몸을 떨더니
그만 눈물로 내립니다

싸륵싸륵
그리움만
돌담 밑으로 몰립니다

눈이 내린 아침

간밤에
아무도 없었나 보다

하얀 눈
저 혼자 내렸나 보다

세상의 슬픔 위로
한 결의 하얀 빛

새들도 몸 비비는 새벽
기도하던 이들도 돌아가고

시베리아 빙판을 걸어서
눈 먼 외길 사랑
저 혼자 걸어왔나 보다.

하얀 종이

하얀 종이 한 장

그 깊음과 맑음으로
순열한 사랑을 그리고 싶다

푸른 햇살과 푸른 바람으로
생명의 숲을 가꾸고 싶다

해원에 잇닿은 아득한 너머로
그리운 사람을 만나고 싶다

하얀 종이 한 장

영원을 꿈꾸는 지순
위대한 단순을 그리워한다.

동백꽃

하늘로 피어
땅으로 지는
사랑은 붉어라.

치마폭을 쓰고 임당수 푸른 물에 몸을 던진 심청의 효심인들
사의찬미를 부르며 대한해협에 뛰어내린 윤심덕의 사랑인들
지지리 못난 나라에 소녀의 순정을 바친 유관순의 애국심인들
네 사랑 내 사랑, 어느 사랑인들 붉지 않은 사랑 있는가

피흘림이 없이
사랑이겠느냐
목숨 걸지 않고
사랑이겠느냐

동백꽃 붉게 진 강가에
무덕무덕 봄꽃을 피우느니

툭, 땅에 떨어져
하얀 눈 위에 낭자한 혈흔

선지자의 의지로 피어
동지 한천을 녹이는 붉은 꽃이여.

사랑

사랑은
젊은 병사들이 잠든
산정에 빛나는 깃발

나의 전체로 드리는 완성

새벽종소리

새벽 산을 오르는데
누군가 종을 치고 있습니다
종지기도 없이 들려오는 종소리
소음이라는 죄명으로 종탑에서 내려진 후
참 오랜 동안 내 안에 잠들어 있었나 봅니다
하루 중 가장 성결한 시간에
어린 새벽을 깨우던 교회종소리
어머니는 아예 새벽종소리였습니다
그립다 생각하니 댕그랑 댕그랑 댕그랑
어느 구석에 처박아두었던 나를 깨웁니다.
산정의 하늘엔 별들이 총총하고
거룩한 옷을 입은 나무들은
가지마다 손을 모으고 섰는데
이제는 아무도 종을 치는 이가 없어
북한 꽃제비 아이들이 종을 치고 있습니다
소말리아 해골 같은 아이들이 종을 치고 있습니다
잠들지 못한 새벽별들이 종을 울립니다
댕그랑 댕그랑 댕그랑 댕그랑

애월우체국 (4)

모처럼 큰애네로 보내는
갯마을 섞어 한 상자
명절에만 보는 손녀
가시를 발라주는 대로
오물거리던 모습이 선하다.

모처럼 작은애에게 보내는
아무렇게나 먹기 좋은 귤 한 상자
아직 제 짝을 만나지 못하여
냄비 바닥이나 긁고 있을까

술 마실 시간은 많았는데
대화를 나눌 시간은 그렇게 없었네
그냥저냥 챙겨 사는 것들이
미안하고, 고맙다.

"할아버지, 참 자상하시네요."
사무원아가씨 건네는 믹서커피
그렇게 부끄러운 커피는 세상에 처음이었다.
참, 늦게야 애비마음
애월우체국 소인을 찍고 간다.

당신은

당신은 은총이지요
어느 미지의 숨결이다가
아무 것도 묻지 않고
내게로 왔습니다.

날마다 슬픈 하늘
계절풍의 길목에 바람벽으로
없는 듯 뒤에 머무는
한결의 눈길이었습니다.

날이 저물어서
수술대 위에 누웠을 때
하나님께 매달렸지요.

당신은
내가 밥 짓고 설거지할 때에야
비로소 나의 아내였습니다.
태초에 정하신 은총,
나의 영원한 사랑입니다.

흑백사진 한 장

큰 애는 날고구마를 양손에 먹고 있고
세 살배기는 땅바닥에 앉아 흙장난을 하고

저 70년대 흑백사진 한 장을 보다가
목이 메다가 그만 울고 말았다.

바쁜 일 없이 바쁘게
무슨 의혈단원인 듯 부글부글 속 끓이면서
허구한 날 술에 찌들어
저 어린 것들 추억 하나 만들어주지 못하고
손잡고 다정하게 대화 한 번 나누지 못했다.

미안하다. 정말 미안하다.
해송처럼 자라줘서 너무 고맙다.

3부
그리움

눈 오는 날의 수채화

싸륵싸륵 창을 두드리는 진눈깨비
소리 없이 동화를 쓰고 있었나보다.
초등학교 운동장, 꿈꾸는 눈밭에
눈사람 만들고 눈싸움하고 아이들은
누런 풍경화 한 점을 그리고 있었다.

해 하나를 굴려다가 몸통을 만들고
달 하나를 굴려다가 머리를 얹고
숯으로 눈 코 귀 입을 만들고
헌 밀짚모자를 씌우고 바라볼 때,
까무잡잡한 시골소녀의 그윽한 눈길,
고른 치아의 하얀 미소가
참 힘들었지

눈밭에
눈사람
눈을 맞으며 있네.

커피 한 잔 (3)

겨울 햇살
툇마루에
그리움 한 줌

어디쯤에서
잃어버린
향기일까

찻잔에
고이는
까만 고독

커피 한 잔 4

그 적
빼꾸기 소리
숲속에 깊어갈 때

창가에
산 그림자 지는
커피 한 잔

ᄃᆞ릿물* 은어들
물 튕기는 소리
긴긴 봄날이 간다

*ᄃᆞ릿물: 애월마을에 흐르는 물

그리움

뒤척이던 온 밤이
아침에 머리를 감듯 하다면
어디 사람의 일이겠느냐

"저것들 누뒁 나 어떵 눈 곰으코"*

어린 것들 두고 차마 떠난 어미
땅속에 묻고 왔다고
똥을 싸듯 쉽겠느냐

그 세월 밥 먹듯 무정하여
백발성성한 그리움
돌아보며, 돌아보며
노란 은행잎 분분히 날리네.

*저것들 두고 나 어찌 눈을 감으랴.

빈집 1

허물만 벗어놓고
떠나버린 자궁

어둠이 머물고
시간이 고이고
뜬소문 왔다가는 바람

누구일까
빈 세월을 가꾸는 이

마당을 푸르게 채우더니
지붕에 도채비꽃* 피어
하염없이 손 흔들고 있네.

*도채비꽃: 달맞이꽃의 제주 말

빈집 2

늙은 어미 부엌에
부스럭거리는 소리 보이네.

왼 종일 잠만 자다가
밤이면 불을 켜는 도채비*

다들
어디 갔을까.

어디쯤에
다시 만나

별 하나 나 하나
궁금한 날들을 헤고 있을까
잃어버린 마음을 찾고 있을까

*도채비: 도깨비 제주어

빈집 3

거리를 기웃대던 아이
어스름으로 기어들고
노을 타는 지친 어미는
어둠처럼 말이 없고

두레상에 둘러 앉아
양푼 가득 퍼온 보리밥
김이 펑펑 오를 때
제비새끼 노란 주둥이들
참, 별빛처럼 반짝이네.

강남땅은 멀어 멀어
덩그런 빈 둥지에
깃털 같은 이야기들
두런두런 끝이 없네.

빈집 4

왁자하게 피었다가
마른 바람에
부스럭거리네.

첫눈이 내리고
들판 너머로
하얀 꿈 아련하다.

환청 같은
그리움

싸륵싸륵 창문을 두드리네.

빈집 5

사랑이 떠난 자리
질긴 미련
하나

병풍을 두르고
숨소리 고르게
편안히 누었네.

눈 둘 곳 없어
흔들리는 촛불

(땀이 흐르는 적막)

형기를 마치고
나비 한 마리
나풀나풀 날아오른다.

안개3

무료한 창가에
먼 바다 무적소리

낡은 거리와
노란 웃음과
파란 눈물과

무슨 책 몇 쪽의
무슨 얘기였더라

혼자 불어가는 들판
길을 다 지우고
그리움만 무너져 내린다.

그림자 7

누가 나를 부른다.
불현듯 서성거리고
문득 귀를 기울이다가
"어디예요?"
두리번거린다.

애타게 부르는 이는
누구신지, 먼먼 기억 같은
허공의 스토커
어디에도 숨을 곳이 없다.

거울 속에서
뚫어져라 나를 보다가
소스라쳐 사라지는 사람
아무도 없는 숲길에
안개인 듯 걸어가는 사람
꿈속에도 따라와 나를 부른다.

너를 벗고 싶다, 아득히
내 안에 떠도는 애절한 무인도
불현듯 숨이 멎는 그리움.

억새, 끝없는 그리움

바람의 꽃인가, 내 누이는
숨비소리* 잦아드는 섬 끝
무덕진 그리움을 흔들고 있구나
저 꽃을 흔드는 마음
처음 누가 시작했는지
파도는 만 갈래로 부서지고
하염없이 흔드는 하얀 손수건
너븐여* 긴 코지에 바람은 깃털을 세우고
바다는 앙상한 가슴을 드러내어 운다
물 마가진* 여로의 종점
드디어 사람들은 섬을 떠나고
내 누이 기다림은 끝없는 시작
자꾸만 마음은 길을 잃고 쓰러지는데
억새처럼 울던 사람이 돌아와
고향바다 물마루에 누어 너울진다
잃어버린 유년이라도 찾아 헤매나
저 끝까지 황량한 갯가, 서걱거리는
나그네의 뒷모습이 못내 섭섭하다
참 서럽기만 한 섬에서
그리움은 가을에 도지는 본병
억세게 현무암 검은 가슴을 끌어안고
한 시절 살다간 개개비둥지를 차마 놓지 못하는

바람 꽃 내 누이
온 밤을 달빛에 겨워 뒤치다가
아침바다에 붉은 애드벌룬을 밀어 올릴 때
말간 얼굴로 하얀 손수건을 흔들고 있구나.

*숨비소리: 잠수했던 해녀가 물 위로 나와 숨을 고르는 휘파람.
*너븐여: 바다로 길게 뻗은 현무암, 밀물 때엔 물에 잠긴다.
*물 마가진: '물로 막힌' 의 제주말

4부
깊은 달

숲의 노래

외로우시면
숲으로 가시게

나무와 나무 사이로 흐르는 물소리와
계절의 끝에서 벌레들의 마지막 콘서트와
먼 길 떠나려는 눈빛 촉촉한 소쩍새와
억겁을 묵연黙然한 바위의 노래와
숲에서는 삶이 노래가 되고 기도가 된다.

아, 욕망의 바다는 늘 거칠어
삶이 무거운 자들은 노래를 잃고
노래를 잃은 자들은 마음을 잃어
슬퍼서 흐르는 강물에 눕는다

삶이 무거우신가
숲으로 가시게

숲에서는 누구나
삶이 노래이고 기도가 되느니
슬픔도 기쁨도 사랑도 미움도
아름다운 노래가 되느니

나그네2

산머루가 맛있는 이유는
새의 뱃속을 걸어가야 하기 때문이다.

건너야 할 하늘이 있어 민들레는
하얀 날개를 직조하고 있다.

어머니의 송편이 그리워, 쇠똥구리는
줄곧 쇠똥경단을 빚고 있다는 것이다.

이 밤 무슨 일로 바람은
소방차처럼 소리치며 달려가고 있나

바다와 하늘이 끝닿은 길에
실개천은 울면서 숲을 떠나고

오늘도 무거운 하루, 해는
바다에 빠져 붉게 녹아내리며
어둠 속으로 묽어지고 있다.

빗소리

소리 없이 내리는

빗소리가 보인다

그리움이 고인다

헤다가, 헤다가

홍수처럼 쌓인다

내가 떠내려간다.

낙엽의 소리

뚝
뚝,
별빛 지는 숲에
청량한 소리

무성하던 시간 걸러내어
비로소 선명한 빛깔

비라도 부슬거리면
어이 떠나랴

동산에 달이 올라
숲은 더욱 깊어지고
숨을 멈추는 바람

뚝
뚝
달빛 지는 소리.

달팽이

이슬에 고인
별빛으로 달팽이
귀향길에 오르시나

생전에 집 한 채
천형을 지고
삼손의 방아*를 돌리시나

처음 사랑
달랑 그 기억 하나로
나침반도 없이 무장 가는 길

저 걸음으로
닿기는 닿으려나
태엽 다 풀리기 전에 · · · · ·

*삼손의 방아: 이스라엘의 사사 삼손이 불레셋 사람들에게 잡혀 두 눈을 빼고 죽을 때까지 연자방아를 돌린다.

시월의 노래

하늘에
흰 구름이 걸어오네
종달새가 날아올라 푸른 산이 되네
그러고는 하늘이 텅텅 허전하네
누구야-! 이름이라도 불러줘야겠네
나라도 미안하여 손을 흔드네

가을 산은 캄캄한 풍악楓嶽,
난만하여도 웬 푸른빛으로
풀잎도 나뭇잎도 젖은 눈빛들
나도 이방인처럼 섭섭하여오네

바다에 잦아드는 해가
금빛 트럼펫을 연주하네
온 바다가 몸을 떨며 번뜩이네
애잔한 트럼펫이 너울에 젖네
모두들 생각에 깊어가네
시월의 노래는 화려한 슬픔이네.

깊은 달

그리운 날
방파제에 앉아
부서지는 달함께
파도치다가 왔다

오던 길, ᄃᆞ릿물*에서
너울지는 달함께
물비늘 반짝이다가 왔다

그림자 하나 끌고 오다가
길가에 버려진 달함께
찌그러져 울다가 왔다

우르르 소나기 지나더니
나의 뜰 밭은 웅덩이에
울음 그친 달이 깊었다.

*ᄃᆞ릿물: 마을 복판을 흐르는 냇물

방파제에 앉아

저무는 방파제에 앉아
자꾸만 뭍으로 오르려는
파도를 생각하는 것은

끝없이
기다리므로 불행하고
한없이
기다리므로 행복하나니

날 저물어
그림자를 달랑 끌고
서운히 돌아갈지라도

아직 남아있는 여백
한없는 그리움뿐으로
무인도처럼 떠 흐르다가

어느 날엔가
한 번은 그대를
파도처럼 불러보리라.

아름다운 꽃

새벽빛으로 피는 풀꽃
사뿐히 우주를 받치고 있었네.

흔적 없이 내리는 적막
밤새 별빛에 젖어있고
밀애의 바다에
해의 얼굴이 말갛다.

누구 불러주는 이도 없이
그 향기와 색채로, 꽃은
온전한 순금의 존엄
무릎을 꿇고서야
가슴으로 깊어지네.

"툭!"
꽃잎이 질 때
와르르 사태 지네.

피는 꽃이 기쁨이면
지는 꽃은 축복이네.

방귀 (2)

시골 만원 버스에 길 잃은 향기 하나
일면식도 없이 무례할 때 어쩌랴,
눈을 감고 등바지에 푹 잠긴다.

동네 이발소에 턱 드러누워
사각사각, 가위질소리 세상이 아득히 멀어지는데
절약하고 절약한 향기 질적으로 엄습할 때

"이 거, 누게라!"
능청스런 이발사 너스레떨고
"게난*, 김 선생이라!"
무료한 동네 어르신들 덩달아
모처럼 신나는 토요일 오후
참, 변명도 겸연쩍고
벌건 웃음을 꿀꺽 넘겨야 했다

저 70년대 시골 이발소
능구렁이 이발사도 가고
소일로 눙치시던 어르신네도
길을 재촉하여 떠났다, 그립다.

*게난: '그러니까'의 제주 말.

5부
농심

폐선

다만 폐타이어처럼
탕탕 달리던 시간을 놓고
모두들 어디로 갔나, 햇살은
종일 녹슨 기억들을 어루만지고 있다
그랬다, 한 시절
바다에 시퍼렇게 출렁일 때
세찬 물살을 가르며 어떤 대결인들 두려웠을까
갑판을 넘나드는 파도에도 굴하지 않았다
날들은 서둘러 햇살을 거두어가고
개펄에 붉게 물들어가는 먼 해조음
물이끼 슬슬 기어오르는 시간에
삶이란 모르게 바래어가는 것
허물을 벗는 페인트처럼 누추해지는가.
낡아갈수록 더욱 깊어가고
가슴이 썩어서 깨어나는 영혼
그렇게 죄던 끈을 놓아버리자, 이제
누군들 용서하지 못하랴
늙은 거북이 등에 얹혀살던 따개비
뱃장에 다닥다닥 일가를 거느리고
차오르는 물도 살가운 친구가 된다
별들은 빈 뱃간마다 내려와 살랑대고
방파제 너머로 여전히 달려오는 파도소리
저 달콤한 엄마의 자장가소리.

항구의 가로등

흐느적거리는 고단한 하루
안개 풀풀 풀려나오는 적막을
가로등이 초병처럼 지키고 있다.

먼 바다엔 밤도 없이 파시를 이루고
출어를 금지 당한 늙은 배 몇 척
일없이 삐그덕거리는 시골항구
당겨도, 당겨도 고무줄 같은 가난
질질 끌고 온 생, 여윈 불빛들은
물속에 처박혀 몸부림을 친다.

사랑은 유행가처럼 속절없고
그리움은 젓가락장단에나 애절한 것
꿈은 돛대 끝에 흔들거리고
삶은 검은 물결 위에서 춤을 춘다.

더 한탄할 무엇이 남아
밤은 불면으로 내모는가
오늘도 파도 끝에 쓸리는 하루
항구의 가로등은 누렇게 졸고
긴 그림자 하나 흔들흔들 간다.

역류 −역류성식도염

해류에 누어 순하게 흘러왔노라
내 속에선 무엇이 역겨워
꾸역꾸역 거꾸로 치솟는가.

순정한 물은 내려내려
산마다 골마다 숲을 가꾸고
은어도 피라미도 평화로이
도무지 역류를 꿈꾸지 않았다.

불도저 굉음에 덜컹거리는 가슴
새는 둥지를 잃고 길이 된 고라니
욕망은 고속도로를 무장 질주하는데
산은 허리 잘려 사태져 무너진다.

녹슨 수문에 갇혀 쉰내를 풍기는
물은 포장도로로 나와 길을 잃고
보라! 시꺼먼 거품을 토하며
이리저리 미처 날뛰는 역류를

산 위에 앉아 바다를 보노라니
그리운 물새는 보이지 않고
잔잔한 수면에 부글대는 거품

"끄억, 끄억!"
내 속 순한 것들이 반역을 한다.

시골다방

바람 부는 거리에 낙엽은
이리저리 갈 곳을 모르고
'다방' 붉은 눈시울이
그 적 시골길에 폴짝거리던
메뚜기 눈처럼만 닮았다

그 적에 뭇 만남이 와글대던 곳
일도 사랑도 고독도
나무계단에 삐걱거렸지
'누가 이 사람을 모르시나요.'
징한 내력들이 부스럭거린다.

졸다가 눈을 뜨는 다방
늙은 마담의 파장 같은 적막은
진한 화장너머 자글자글한 목마름에
한 잔의 커피를 부어야 한다.
어느 저잣거리에 눈을 팔다 왔나,
먼 고향 같은 이름 '미스 킴'
흘러간 노래나 흥얼거리는
만추의 늦은 오후, 창가에
오늘도 심심한 하루가 진다.

붉은 사막

전설처럼 오랜 강물의 흔적
중동의 붉은 사막은 목이 마르고
기적의 강물은 꿈속에 늘 흐르고 있다.
태양이 녹아 흐늘거리는 광야에
아침 이슬로 목을 축이는 딱정벌레와
마른 이끼라도 찾아 떠도는 염소 떼와
우기를 기다리며 굴러다니는 텀블링플랜트와
긴 지팡이를 든 아이와 얼굴을 가린 여인이 가고 있다
세찬 모래바람에 겨우 두 눈만을 열어놓고
이제 막 풀무에서 구어 낸 붉은 산과 계곡,
널브러진 돌멩이 하나에도 꼭꼭
그 먼 강가에 출렁거리던 전설을 간직하고
구릉마다 붉은 시간은 눈을 감고 있다
전갈이 깨어나는 어둠 속 생은 막막하여
저 아득한 끝까지 파란 달빛은 얼어붙고
오리엔트의 문명이 별빛처럼 명멸한 침략과 저항의 땅
텅 빈 사막에 요란한 총성, 강물은 다시 흐를 것인가
은혜의 날을 기다리며 지쳐가는 사막
석유처럼 가슴 펑펑 울렁거릴
푸른 우기만을 꿈꾸는 낙타는
먼먼 전설을 씹으며, 씹으며 가고 있다.

아픈 물고기의 고독

동굴 속에 물을 가득 채우고 하늘이 무거워서 점점 가라앉고 있어.
아픈 물고기의 슬픔이 종일 지느러미를 흔들고 있어. 난 오늘도
검은 구름처럼 아파. 어디가 얼마나 아픈지를 골똘히 생각하는
실은 그렇게 아파. 모르게 뒤로 오는 암처럼 그렇게 아파.
왠지 뱃속이 끌끌해, 위암일지도 몰라.
머리가 지끈거려, 뇌종양일지도 몰라.

거리엔 성형한 마네킹들로 넘쳐나는데 올챙이배에 나뭇가지 같은
아이들이 까뒤집힌 눈자위로 나를 보고 있어. 북한의 장사정포는
사정없이 내 두려움을 때리고, 선량들은 격투기 A매치의 챔피언
이 되고 싶은가 봐. 거룩한 가운을 입은 이들은 왜 거리를 떠도는
지, 목자 잃은 양들은 그렇게 길을 잃어가고 있어.

그런데 저 아이는 왜 울고 있을까?
단추 떨어진 옷을 입고 먼지 풀풀거리는 차부에서 해가 지도록
고도를 기다리고 있을까, 어린 눈을 두고 떠난 어미를 기다리고 있
는 걸까
노을에 빗긴 긴 그림자를 끌고 가는 아이, 물 위에 기름 한 방울 동
동 떠가고 있어.

물은 오염되고, 동굴은 너무 깊어.
아픈 물고기는 종일 지느러미를 흔들며

몇 길이나 고독의 수심을 파고 있지만,
슬픔은 바닥을 드러내지 않고 자꾸만 가라앉고 있어.

메아리

가는 말 가는 대로
오는 맘 오는 대로
골 깊은 산정에 서서
저 아래 인정의 강가에
피고 지는 메아리를 듣는다

야호---
야호~~~
저 마다의 색으로
저 아름다운 공명을 보라

야, 이놈아!---
야, 이놈아!~~~
저 마다의 색으로
이빨을 드러낸 증오를 보라

무엇으로 하여
사랑은 낮은 데로 내리고
미움은 역류하여 소용돌이치는가

나와 나 사이
너와 나 사이

農心

天來의 어머니
가난한 젖을 빨며
별과 달과 해와
흙으로 살아라.

가뭄에 목이 타고
홍수에 애 터져 흐르는
거기, 내 자리
가을산은 아리게 풍성해도
늘 쓸쓸하고
그 겨울 하얀 기다림에
저만치 춘궁기가 시려도
임 생각에 봄이 좋아라.

처음 약속 끝내 신실하여
忍從은 누렇게 출렁거리고
농심은 푸른 햇살로 눈부셔라.

가린돌 그 파돗소리

–장한철표해록 기념비 시

파도에 몸을 누여
해류로 떠 흐른 수만 리
필봉석을 갈고 닦아서
天理를 헤아리는가
그 용기와 지혜로
미친 바다를 어르시다
그 세월 '표해록'에 누어
물소리 새소리나 듣다가
어릴 적 뛰놀던 한담동산
파돗소리에 씻기는 혼불
문학의 향기는 영원하여
오늘에 살아 숨을 쉬는가

*한담공원 장한철표해록 상징탑에 조탁

립스틱

뒤치던 온 밤이
데친 나물같이 늘어진 아침
빨간 립스틱을 바르고 싶다

주일날 아침 거울 앞에서
아내는 달처럼 피어나고

립스틱을 바르고, 나
누구에게 가고 싶다

"나, 여기 있어요!"
손 흔들며
하얗게 미소 짓고 싶다.

생일 날

'툭' 어디서 떨어진
책상위에 소국 한 다발

"오래 오래 행복 하세요."
손톱만한 분홍 메모지

나도 까먹은 생일날 아침
눈도 귀도 없는 축하

우우-
소낙비 지나는 소리
참, 느닷없네.

누굴까
눈만 내어놓고
맴도는 뻐꾸기 소리 같은 · · ·

새벽달

새벽 산길에
임진년 동짓달 열이레 달
달무리 두르고 구름에 앉아
aging with grace 하며 웃는데
원, 축하인지 힐난인지?

사흘 후면
일흔네 번째 생일
살만큼 살았구나
앞도 뒤도 없이 살았구나.

하산 길은 늘 쓸쓸하고
허탄한 생각들이 발길에 차인다.

저 달, 필시
구름을 쓰고 우는 달
틈새로 자꾸 눈을 맞추네
알듯 말듯,
알았다, 알았다!
하산 길을 재촉한다.

6부
허공

허공의 십자가 1.

-저들을 용서하소서(1)

새벽 산정에
하늘은 고요히 내리고
일출을 기다리는 나무들은
하늘 우러러 십자가로 서 있다

"호산나 다윗의 자손이여!"
환호하던 백성들은 어디로 가고
해골의 언덕에 고독한 십자가, 그 아래
굿판을 벌이는 자들은 누구인가?

증오와 배반의 거리에서
사랑은 죄인의 십자가,
능멸의 가시관을 쓴 유대왕은
붉은 죄를 붉은 피로 쏟아내었다

"저들을 용서하소서!"
사랑은 죽어서 위대한 승리
하늘을 가린 지성소의 장막,
회칠한 율법의 가슴을 찢었다.

태양은 눈부시고
거리마다 진열된 십자가
화려한 믿음의 겉옷을 걸치고
나는 무덤 속을 서성거리고 있다.

그림자 1

소리 없이 비가 내린다.
비에 젖어 꿈틀거리며 결핵균처럼 수척하여가던 것들이
일제히 일어나 줄줄 비를 내린다.
푸른 용수철 탱탱 튕길 때 한 번도 만난 적이 없던 눈빛
바람의 들판에 외로운 나무 그늘, 바람소리 웅웅 울며
머리에서 가슴으로 줄줄 내리는, 이제야 네 슬픈 눈빛이 보인다.
어머니의 자궁을 떠날 때 울면서 따라온 슬픔일까, 그리움일까
줄곧 뒤를 따라온 나 보다 더 서러운 그림자.
무릎 꺾이는 길목마다 투명한 손으로 상처를 어루만지는 시선, 사는 날 동안 기억조차 없이, 허방과 진창에서 허우적거릴 때에도 숨을 쉬는 허공 같은
아지랑이 자욱한 봄날엔 보이지 않더니 먼 해조음이 뒤척이는 밤에야 눈을 뜨는, 아무도 모르는 새벽의 흐느낌 중보仲保*의 기도소리
(너는 네가 세상을 살았다고 생각하니?)
(너는 네 발로 걸어왔다고 생각하니?)
너는 네 것이 아니라며, 하늘에서 비는 내리고
사랑은 그렇게 뒤에서만 내리고 있었다.

*중보의 기도: 누구를 위하여 남모르게 드리는 기도.

바위

잃어버린 기억 속에 홀로 엄연한 기록자
바위의 뿌리는 깊고 멀어 견고한 문은 열린 적이 없네.
바람과 햇살의 시간에 묵언, 불변의 기록자
노아의 홍수와 소돔과 고모라의 불기둥에도
그의 의지는 일관된 관조, 태초의 고요를 견지하지만
본래 우주의 중심에 몇 만도의 들끓는 분노의 은둔자,
폼페이의 화려한 말기를 장엄한 버섯구름 속에 기록하였다.
시간의 의지는 시간의 것, 세상의 시계는 쉬지 않고
분방한 사람들은 분방하여 떠날 뿐
겨울바람 혹독한 날에 쓸쓸히 바위는
해와 달과 별의 궤적, 무심한 구름의 표정을 낱낱이 읽고 있다.

아무도 쳐다보지 않는 날에
그의 견고한 문이 열리고
잊혀 진 이야기로 또 다른 세상을 기다리는가.

길 1 -눈물

캄캄한 틈새로
길을 내었네

그리움,
그 먼 길

네게로 가고 있다.

길 2 -한 가닥 떨리는 선율

떨리는 잎새에
선뜻 스치는 숨결

銀沙 고이 펴시고
박무 흐르는 입김

허공에 하얀 초승달
길 위에 여전하신 눈길

숲은 신비의 제단
나는 한 가닥 떨리는 선율

새벽 산길에
숲은 푸르고 깊어
세심의 청랑한 물소리여.

길3 -낱낱을 헤시는

눈을 감으면
고요히
촛불을 흔드시고

호젓한 산길에서
찔레 하얀 향기로
문득 끼치시고

가다가 돌아보면
걸음걸음
낱낱을 헤시는

시간 저 편에서
풀잎 흔들림으로
길이 되시는 이여!

길4 -문을 열고

기쁜 날은 하늘로
뭉게구름이나 둥둥 띄우지

슬픈 날은 바다로
물마루에 누어 둥둥 떠가지

눈 둘 곳 없을 때면
섬 그늘에서 새소리나 듣지

앉지도 서지도 못할 때면
산에 올라 풀잎으로 흔들리다가

낙엽 진자리에 눈물 같은
아린을 생각하지

그러고는
소나기처럼 울어버리지.

길5 -풀잎기도

주여!
때를 알고 떠나는 기러기는
하늘의 이정표입니까

들판에 허수아비 외로운 날
옷을 벗은 끝물 홍시 위로
한 줌 햇살을 더 내리시고
사랑으로 깊어가게 하소서

바람소리 거칠고
진눈깨비 스산한 날에
풀섶에 온기를 나누며
서로 몸을 비비는 새들
그 더욱 아름다운 노래이게 하소서

주여!
생을 다한 딱정벌레의 등껍질 위로
밤새 함박눈으로 하얗게 덮으시고
서걱거리는 마른 풀잎의 가장 겸손한
그 나라의 모국어로 기도하게 하소서.

길6 – 무화과의 기도

가슴에 피울 꽃이 없으니
손 모아 드릴 향기인들 있겠습니까
매미는 여름 한 때를 쨍쨍 찢지만
보여드릴 것 없는 빈 가슴에
하얀 피라도 흘리겠습니다.

빨간 사과 하나 품어
그 빛깔과 향기로, 먼 길
달빛으로 오시는 임
고운 미소를 보고 싶지만
아닙니다, 아닙니다,
당신의 뜻대로만 하소서.

그 봄도 여름도 그리움에 타버린
붉은 속살 두 쪽으로 갈라내어
번제로 드리라 하올 제

울음소리 가늘게 새어나오는
어느 지붕 낮은 집 아이들
까만 손에 꼭 쥐어 줄
한 움큼의 기쁨이고자,
가슴으로 우는 눈물이고자.

햇빛으로 오는 사랑

풀잎 흔들림으로 오시어
속삭임으로 말씀하시는 이여

강물 먼 길을 내시어
눈물의 손을 잡고 흐르시는 이여

그 겨울 끝내 견디고
봄 꽃 벙글벙글 여시는 이여.

금빛햇살 낮게 뿌리시어
설익은 가슴 뒤치며
고운향기로 숙성시키시는 이여.

허공의 십자가 2

저잣거리에 밤이 오면
현란한 오색불빛아래
또 다른 시장이 열리고
쇼윈도에 진열된 사랑

예수여!
도심의 허공 여기저기
구걸이나 하듯이 매달려서
여전히 피를 펑펑 흘리시는데
목숨을 주고 바꾼 당신의 사랑은
아무리 둘러보아도 보이지 않습니다.

환한 날 더욱 캄캄하여
절망과 미움의 늪은 깊어지고
처처에 고통의 신음소리는
당신의 사랑을 파는 검은 가운의
호객소리에 묻혀버립니다.

부조리와 불안의 허공
신뢰를 잃은 첨탑 끝에서
여전히 당신은
"목이 마르다!"
목이 마르다 하시네.

창조문학대표시인선 • 220

소실점 消失點

김종호 제 4 시집

2013년 11월 30일 인쇄
2013년 12월 1일 발행

지은이 김 종 호
펴낸이 신 용 호
펴낸곳 창조문학사

서울 서대문구 홍은동 397-26 동천아카데미 5층
등록번호: 제1-263호
전화: 374-9011, Fax 374-5217
공급처: 한국출판협동조합
전화: 716-5616-9

값 10,000원
ISBN 978-89-7734-336-8